NOTICE

SUR LES

TITRES ET TRAVAUX SCIENTIFIQUES

De M. Dominique CLOS -

NOTICE

SUR LES

TITRES ET TRAVAUX SCIENTIFIQUES

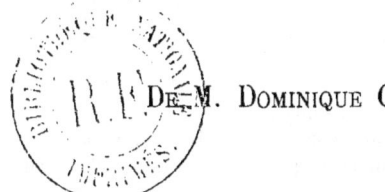

DE M. Dominique CLOS

―――――

1876

―――――

TOULOUSE

TYPOGRAPHIE BONNAL ET GIBRAC

RUE SAINT-ROME, 44

—

1876

TITRES

Docteur en Médecine de la Faculté de Paris, 1845.
Docteur ès-sciences naturelles de la Faculté de Paris, 1848.
Membre de la Société philomathique de 1850 à 1853, puis correspondant.
Classé le second (sur 8 candidats inscrits) dans le concours ouvert en 1851 près la Faculté de Médecine de Montpellier pour la chaire de Botanique et d'Histoire naturelle médicale, laissée vacante par la mort de Raffeneau-Delile.
Chargé de cours en 1853, puis nommé professeur de Botanique à la Faculté des Sciences de Toulouse.
Directeur du Jardin des Plantes de cette ville et professeur du cours municipal de Botanique, depuis 1853.
Nommé en 1858 Correspondant des travaux historiques et des Sociétés savantes.
Inscrit spontanément en 1859 (séance du 30 mai) sur la liste des candidats aux places de correspondant de l'Institut (Académie des Sciences). Mémoire approuvé par ce corps savant en 1856.
Lauréat dans le concours des Sociétés savantes en 1867.
Président de l'Académie des Sciences, Inscriptions et Belles-lettres de Toulouse pendant les années 1866-67-68.
Président de la Société Botanique de France dans la session d'Annecy (1866).
Président honoraire de la Société d'Histoire naturelle de Toulouse.
Président de la Société d'Horticulture de la Haute-Garonne.
Officier de l'Instruction publique.

BOTANIQUE

§ I. — Organographie végétale.

Ces travaux ont eu pour objet :

A. Les racines.

Ebauche de la Rhizotaxie ou de la disposition symétrique des radicelles sur la souche. Paris 1848, Bachelier, 72 p. 4° Thèse pour le doctorat ès-sciences naturelles.

Dans les Dicotylédones, les radicelles sont toujours disposées avec symétrie, superposées en lignes allant d'une extrémité à l'autre du pivot ; c'est la *loi de superposition* des radicelles. Le nombre de ces lignes est quelquefois le même pour les plantes d'une famille (2 dans les Crucifères, les Papavéracées, les Fumariacées ; 4 dans les Malvacées), ou d'un genre (2 dans *Lupinus*, 3 dans *Lathyrus* et *Pisum*, 4 dans *Phaseolus*, genres de la famille des Légumineuses). Mais dans certains genres, chaque espèce a une symétrie particulière ; de là des *symétries ordinales*, *génériques* et *spécifiques*.

Deuxième mémoire sur la Rhizotaxie : Rhizotaxie anatomique. Comparaison de la Rhizotaxie et de la Phyllotaxie. Présenté à l'Institut. Inséré dans les *Annales des sciences nat.*, Bot., 3e sér., t. XVIII, p. 322-355, avec pl.

On établit et on prouve cette loi que dans les Dicotylés le nombre et la direction des rangs de radicelles sont toujours les mêmes que ceux des faisceaux fibro-vasculaires primitifs du pivot qui les porte. En suivant les diverses modifications que subissent les faisceaux dans leur passage de la tige dans la racine, on montre que le collet a des caractères anatomiques qui lui sont propres ; on signale quelques exceptions apparentes aux lois de la rhizotaxie ; on établit une distinction entre les divisions de la souche et les radicelles ; on passe en revue les ressemblances et les différences entre la rhizotaxie et la phyllotaxie, et on termine par quelques considérations sur les racines adventives des Monocotylés et sur les petits tubercules des Légumineuses.

Bullet. de la Soc. Bot. de France, t. IV, p. 907. Reproduit par *la Belgiq. hort.*, t. VIII, p. 203.

Lenticelles et Rhizogènes. Sous le nom de *Rhizogènes*, M. Bouchardat avait désigné en 1844 de petits organes qu'il distinguait des lenticelles. Mais les botanistes paraissent n'avoir pas tenu compte de cette observation. On s'attache à démontrer que les *Rhizogènes*, si évidents dans la Douce-amère, ne sont que les *tubercules blancs* de Du Petit-Thouars et les *racines latentes* de M. Trécul; que M. Le Maout les appelle à tort des *bourgeons avortés*, car ce sont des germes de racines, et qu'ils appartiennent au groupe des organes intermédiaires ou mixtes. On indique les caractères qui les distinguent des lenticelles et des racines adventives.

Compt. rend. de l'Inst., juillet 1874, p. 176.

Indifférence dans la direction des racines adventives d'un cierge.

B. LES TIGES ET LES RACINES.

Annal. des sciences nat., Bot., 3ᵉ sér., t. XIII, p. 5-20.

Du collet dans les plantes, et de la nature de quelques tubercules.

Entre les cotylédons et le plan où commencent à se montrer les rangées régulières de radicelles, est une partie de la plante qui mérite le nom de *collet*. C'est elle qui forme les tubercules de *germination* des Ophrydées et des Cyclamens, la partie supérieure dépourvue de radicelles des tubercules des Betteraves et des radis. Quant aux tubercules des Ophrydées provenant de *gemmation*, ils sont dus (à l'exception de ceux des *Spiranthes*, vraies racines adventives), à la partie renflée d'un rameau placée au-dessous de sa 1re feuille. — Suit une nouvelle classification des tubercules.

Du Rhizome et de ses caractères. Signification des tubercules d'Igname. — Bullet. de la Soc. Bot. de France, t. VI, p. 187.

Du coussinet et des nœuds vitaux dans les plantes, spécialement dans les Cactées. — Mém. de l'Acad. des Sciences, Inscrip. et Bell.-Lett. de Toulouse, 5e sér., t. IV, p. 324-339.

Ce travail a pour but d'établir la nécessité de distinguer les nœuds vitaux des coussinets. Il importe d'abandonner les idées de Lamarck, de Poiret et d'autres physiologistes au sujet du nœud vital. Les racines sont privées de nœuds vitaux et de coussinets ; les tubercules des Mamillaires, des Euphorbes charnues, des Stapélias etc., sont formés par les coussinets et non, comme on l'a prétendu tour-à-tour, par des feuilles ou par des rameaux ; les côtes des Cierges, des Stapélias, des Euphorbes sont dues aussi à la confluence des coussinets ; enfin, les disques floraux ont le plus souvent leurs analogues dans les coussinets.

Des épines pulvinales de quelques espèces d'Asparagus. — Bullet. de la Soc. Bot. de France, t. XIII, p. 213-215.

Ces épines sont étudiées dans l'*Asparagus horridus* où elles ont la signification des pédoncules, et dans l'*A. albus* où les faisceaux de ramules naissent à l'aisselle d'une écaille éperonnée par l'épine ; l'écaille est la feuille, l'épine un processus du coussinet ; d'où la distinction des coussinets en *foliaires* (fertiles ou stériles), et *infra foliaires* toujours stériles.

Cladodes et axes ailés. — Mém. de l'Acad. des Sciences, Inscrip. et Bell.-Lett. de Toulouse, 5e sér., t. V, p. 71-101.

Ce travail est divisé en deux parties, l'une consacrée à l'étude des *Cladodes* (rameaux foliiformes), l'autre à celle des axes ailés. Quelquefois la distinction entre ces deux dispositions organiques est difficile, d'où l'établissement du groupe des *pseudo-phyllodes* (*Statice, Acacia alata*, etc.) — Les Cladodes se divisent en *fertiles* et *stériles*, en mono-di-polymérithalliens, le même Cladode offrant 1 ou 2 mérithalles suivant qu'il est stérile ou fertile. On retrouve dans les Cladodes la nervation propre à chacun des grands embranchements auxquels ils appartiennent, et, quand ils portent les fleurs latéralement, celles-ci sont exactement sur leurs bords dans les Dicotylés, sur une ligne voisine du bord dans les Monocotylés. — L'inflorescence du tilleul représente une partition et non une soudure d'un pédoncule et d'une bractée. — Avec la partition des Cladodes du *Ruscus Hypoglossum*, coïncide la présence, au point de division, de deux fascicules floraux opposés. — Les ailes des tiges sont étudiées sous les divers points de vue suivants : 1° Quant aux modifications qu'elles entraînent dans la répartition des nœuds vitaux, souvent rendus par elles distiques ; 2° quant à leur formation, qui n'a pas lieu de haut en bas, et qui doit faire rejeter, avec le mot de décurrence, la théorie basée sur la production descendante des éléments organiques ; 3° quant à leur importance, souvent fort analogue à celle des poils ; 4° quant à leur valeur pour la classification, valeur souvent générique, mais souvent spécifique ou de variété.

C. LA RAMIFICATION.

Bullet. de la Soc. Bot. de France, t. V, p. 739.

De la Ramification des Eléagnées.

L'*Elæagnus parvifolia* Royl. offre deux sortes de bourgeons et de rameaux, les uns normaux, les autres anormaux de forme, de position et de direction, aplatis, se dirigeant vers le sol, fuyant la lumière, tendant à se contourner en spirale et représentant le premier degré des ramules en crochets des *Uncaria*, des *Strychnos*, des *Unona*, etc.

Ibid. t. III, p. 608-611. Voir aussi t. XIX, p. 56, le dédoublement expliquant l'organisation des tiges des Serjania.

Dédoublement et partition.

Les botanistes admettaient le dédoublement des parties foliaires et florales ; il faut y joindre le dédoublement des axes ou leur partition, phénomène considéré jusqu'alors comme tératologique, mais qui est normal et fréquent. Il appartient aussi bien aux tiges qu'aux racines ; il rend parfaitement compte, et sans qu'il soit besoin de recourir à des explications subtiles, de la curieuse ramification des Solanées et de leur inflorescence. Il y a dans cette famille à la fois partition des tiges et des racines, dédoublement des feuilles et parfois des organes floraux. — On signale, à ce point de vue, l'analogie des plantes de ce groupe avec les Cucurbitacées.

D'un nouveau mode de ramification observé dans les plantes de la famille des Ombellifères. — Compt. rend. de l'Institut, t. LXXVIII, 23 février 1874, p. 548.

La feuille et la ramification dans la famille des Ombellifères. — Mém. de l'Acad. des Sciences, Inscrip. et Bell.-Lett. de Toulouse, 7ᵉ sér., t. VI, p. 159-231.

La feuille des *Buplevrum rotundifolium* et *protractum* n'est pas un phyllode, mais un *vaginode*, fusion intime de la gaîne et du limbe. — La confluence en deux ou plusieurs points de la tige de 2, 3, 4 nœuds vitaux produit tantôt de fausses oppositions (*géminations*), tantôt de faux verticilles (dus à des alternatives d'énergie et d'affaiblissement), sortes de *préombelles*, donnant une explication rationnelle de l'ombelle.

De la ramification ternaire des Monocotylédons, etc. (Voyez plus bas à l'Inflorescence).

D. Les feuilles, les stipules et les glandes.

Les vrilles des Smilax ni folioles ni stipules. — Bullet. de la Soc. Bot. de France, t. IV, p. 984-987.

On a vu dans ces organes tantôt des folioles, tantôt des stipules. Ce sont de simples prolongements des faisceaux du pétiole, et, par conséquent, ils n'ont pas de signification morphologique qui leur soit propre.

La vrille des Cucurbitacées, organe de dédoublement de la feuille. — Ibid. t. III, p. 545-548 ; et Compt. rend. de l'Institut.

Cette vrille a été prise tour-à-tour pour une stipule, pour un rameau; l'opinion qui n'y voit qu'un simple dédoublement de la feuille permet d'expliquer la position des pédoncules placés entre la feuille et la vrille

D'un nouvel élément, dit prélimbaire, dans la constitution morphologique de la feuille (chap. I du mémoire intitulé : *De quelques principes d'Organographie végétale*). — Compt. rend. de l'Institut. 13 mai 1872, t. LXIV, p. 130; Mém. de l'Acad. des Sciences, Insc. et Bell.-Lett. de Toulouse, 7ᵉ sér., t. IV, p. 174-180.

Certaines feuilles (*Melampyrum arvense, M. nemorosum, M. pratense*, plusieurs *Sideritis, Brunella, Euphorbia*, etc.) offrent entre le pétiole et le limbe une partie qui apparaît à l'inflorescence, qui parfois forme seule les bractées (*Melampyrum cristatum, Brunella*, un grand nombre d'Euphorbes), et qui mérite le nom de *Prélimbe*.

Mém. de l'Acad. des Sciences. Inscrip. et Bell.-Lett. de Toulouse, 7ᵉ sér., t. IV, p. 181-184.

De la métamorphose florale des feuilles appartenant au type de nervation palmée ou peltée (Ibid., chap. II).

Dans les familles, les genres et les espèces ayant des feuilles rentrant dans ce type, ces organes, s'ils se modifient au voisinage de la fleur, perdent ce caractère, ou bien ils avortent ou sont remplacés par des stipules.

Compt. rend. de l'Institut, 19 juillet 1875, t. LXXXI, p. 161-162.

Des éléments morphologiques des feuilles oblongues des Monocotylédones.

Mém. de l'Académie des Sciences, Inscript. et Bell.-Lett. de Toulouse, 7ᵉ sér., t. VII, p. 305-324.

Des éléments morphologiques de la feuille chez les Monocotylés.

La feuille des Monocotylés a été tour-à-tour considérée comme une gaîne, ou comme un pétiole, ou comme un limbe. Une revue comparative de toutes les familles monocotylédones permet d'y reconnaître, dans la composition des feuilles : tantôt ces trois éléments morphologiques, soit distincts (*Strelitzia Reginæ, Richardia æthiopica*), soit fondus (*Typhacées, Iridées, Liliacées-Hyacinthinées*), soit avec séparation ou de la gaîne (*Graminées*), ou du limbe (*Musa, Canna*); tantôt deux de ces éléments, soit limbe et pétiole, bien distincts (*Smilax, Tamus*), ou confondus (feuilles aériennes du *Lilium candidum*), soit gaîne et limbe (*Polygonatum, Veratrum*); tantôt enfin un seul, soit gaîne (*Juncus conglomeratus, J. arcticus, J. andicola*), soit limbe (*Trillium*). Il ne paraît pas y avoir de feuilles monocotylées réduites au pétiole, et dès lors l'expression de *phyllode* (pétiole en forme de feuille), si souvent appliquée aux plantes de cet embranchement, est erronée.

Mém. de l'Acad. des Sciences, Inscrip. et Bell.-Lett. de Toulouse, 6ᵉ sér., t. VI, p. 257-267.

Des glandes dans le genre Hypericum.

Elles sont de trois sortes, les unes translucides, toujours sessiles et immergées; les autres noires sessiles ou immergées, les autres noires et stipitées, apparaissant au voisinage des fleurs où elles occupent les bords des appendices, mais étant en rapport avec les dernières ramifications des nervures, ce qui établit une distinction tranchée entre elles et les poils ordinaires; celles-ci sont analogues à des faisceaux staminaux, aux staminodes du *Parnassia*, et fournissent au classificateur des caractères importants. Un tableau synoptique des modifications de l'appareil glanduleux dans les diverses espèces du genre *Hypericum* termine ce travail.

E. LES BOURGEONS.

Discussion d'un principe d'organographie végétale concernant les bourgeons. *Bullet. de la Soc. Bot de France, t. III, p. 4-10.*

L'existence des bourgeons axillaires est loin d'être générale ; la théorie des bourgeons *latents* est inutile et dangereuse pour la science. Il est un groupe de bourgeons qu'il convient d'appeler *subadventifs*.

Monographie de la préfoliation dans ses rapports avec les divers degrés de la classification. *Mém. de l'Acad. des Sciences, Inscrip. et Bell.-Lett. de Toulouse, 7e sér., t. II, p. 91-134.*

L'étude comparée de la préfoliation dans près de cinq mille espèces de plantes a montré qu'elle est tantôt un caractère ordinal ou de famille, tantôt un caractère de genre, et parfois particulière aux espèces ; elle peut servir dans quelques cas à fixer définitivement quant à la famille la place de tel ou tel genre.

F. L'INFLORESCENCE.

L'Ombelle inflorescence définie et indéfinie. *Bullet. de la Soc. Bot. de de France, t. II, p. 74.*

L'ombelle est généralement rangée dans la division de l'inflorescence indéfinie. Il est cependant un grand nombre de plantes de la famille des Ombellifères qui ont une ombelle manifestement définie.

Généralité du phénomène de partition dans les plantes ; explication de l'absence de bractées chez les Crucifères et autres végétaux. *Ibid. t. II, p. 499-503.*

Le phénomène de partition permet d'expliquer de la manière la plus simple l'absence de bractées dans la grande famille des Crucifères, dans les Saxifrages du sous-genre *Bergenia*, dans plusieurs Borraginées. Il convient d'admettre un 4e groupe d'inflorescences, *l'inflorescence de partition*.

Nouvel aperçu sur la théorie de l'inflorescence.

Aux deux grands groupes d'inflorescences, définies et indéfinies, on en ajoute un troisième, les *inflorescences de partition*, dans lesquelles on fait rentrer les *inflorescences scorpioïdes* dépourvues de bractées, et on montre que le groupe des inflorescences *mixtes* de De Candolle doit être rejeté. Si toutes les dispositions florales peuvent rentrer dans ces trois groupes, il est cependant plus logique et plus facile dans l'enseignement d'étudier chacune des principales formes de l'inflorescence en y établissant cette triple division. Ainsi, par exemple, la grappe et l'épi sont divisés d'abord en *indéfinis*, *définis* et de *partition* ; les grappes et épis définis d'après le caractère du nombre d'axes qui les composent, en *normaux* et *sympodiques* ou *d'usurpation*, les grappes et épis de partition en *droits*, *scorpioïdes* et *mixtes*.

Voir l'appréciation de ces dernières études sur l'inflorescence, par M. Blanchard, dans son *Discours* lu en 1857 en séance publique à la Sorbonne. (*Revue des Sociétés sav., sc. mat. phys. et nat.*, n° d'avril-mai 1867, p. 209).

Recherches sur l'inflorescence du Maïs et du Dipsacus.

Après avoir ramené à quelques types les nombreuses anomalies observées sur l'inflorescence du Maïs, on est conduit à considérer les têtes ou épis femelles comme formés par la soudure bord à bord d'autant d'axes secondaires qu'il y a de doubles lignes de grains, cette soudure coïncidant avec l'avortement de l'axe primaire ou central. Quant à l'inflorescence du *Dipsacus*, si remarquable par la marche de la floraison, elle est comparable à celle de plusieurs espèces de Digitales, où l'axe central porte, dans sa plus grande partie, des pédoncules uniflores, épanouissant d'abord leurs fleurs, et au-dessous des pédoncules rameux fleurissant plus tard.

De la gémination des verticilles floraux des Alismacées.

De la ramification ternaire des Monocotylédons, et de la gémination des verticilles de pédoncules chez les Alismacées.

Travail servant à relier l'organographie et la taxinomie, cité aussi à l'article Taxinomie.

G. Les Bractées et les Pédoncules.

Recherches sur l'involucre des Synanthérées à l'occasion d'une monstruosité du Centaurea Jacea' L. — Annal. des sciences nat., Bot., 3e sér., t. XVI, p. 40-47.

Les bractées des Composées n'ont pas toutes la même origine, la même signification. Une feuille complète étant composée de trois parties, ces bractées sont tantôt uniquement formées par la gaîne, tantôt par la gaîne et le limbe. Mais dans les bractées appendiculées des Centaurées, si la squame est la gaîne, l'appendice qui la surmonte est un organe de nouvelle formation, dû au développement des papilles marginales des feuilles,

Considérations sur la nature du prétendu calicule ou involucre des Malvacées. — Bullet. de la Soc. Bot. de France, t. I, p. 298-303.

Ce verticille n'est pas formé par des feuilles, mais bien par des stipules et doit prendre le nom de *Stipulium*.

Du Stipulium chez les Géraniacées, les Cistées, les Légumineuses et les Rosacées. — Ibid. t. II, p. 5.

L'involucre des Géraniacées, celui de plusieurs Légumineuses et Rosacées, ainsi que les deux écailles extérieures au calice des *Helianthemum* sont formés par des stipules.

Du calicule ou Stipulium des Malvacées (chap. III du mémoire intitulé : *De quelques principes d'organographie végétale*). — Mém. de l'Acad. des Sc., Insc. et Bell.-Lett. de Toulouse, 7e sér., t. IV, p. 185-192.

Nouvelles preuves de la nature stipulaire du verticille extra-calicinal de la plupart des Malvacées (à l'exception des *Gossypium* où ce verticille est formé par des *prélimbes*); multiplication fréquente de ces pièces expliquée par l'exemple des *Malachra* qui ont de 2 à 5 stipules de chaque côté de la feuille.

Importance de la gaîne de la feuille dans l'interprétation des bractées. — Bullet. de la Soc. Bot. de France, t. III, p. 679-684.

La gaîne de la feuille n'est pas admise comme partie intégrante de celle-ci par tous les botanistes ; elle permet cependant d'expliquer la nature des bractées si différentes des feuilles par la forme dans un grand nombre de plantes. On propose la distinction des bractées foliaires en *limbaires*, *vaginales* (il est aussi des sépales *vaginaux*) et *limbo-vaginales* ; les involucres se prêtent à une semblable distinction.

Des fleurs réellement sessiles et des sous-sépales.

Les faits démontrent qu'il n'est pas exact d'admettre un pédoncule pour toute fleur.

Les écailles ou appendices qui recouvrent l'ovaire d'un grand nombre de Cactées ont été appelées tour-à-tour bractées et sépales ; mais on s'accorde à considérer l'ovaire de ces plantes comme de nature tigellaire, et dès lors ces appendices ne peuvent appartenir ni à l'un ni à l'autre de ces groupes d'organes ; ils tiennent le milieu entre les deux et méritent un nom spécial : sous-sépales (*subsepala*).

H. La fleur.

Définitions de la fleur.

Remarques sur la préfloraison.

Au point de vue de la morphologie et de la rigueur des descriptions génériques et spécifiques, il importe de ne pas confondre, comme on le fait si souvent, les préfloraisons *imbriquée* et *quinconciale*.

La distinction des préfloraisons *imbricative* et *imbriquée* est aussi justifiée.

Examen de la prétendue prolification du Tetragonia expansa.

Le renflement du pédoncule suffit à expliquer l'apparence que présente l'inflorescence de cette plante, sans qu'il soit besoin d'avoir recours à une prolification.

Régularité et symétrie florales.

Ces deux expressions ont été souvent données comme synonymes, mais bien à tort. On établit les caractères qui les distinguent et les définitions qui leur conviennent. On montre qu'il faut admettre une *symétrie de chaque verticille floral* et une *symétrie florale* : une *irrégularité relative* et une *irrégularité absolue*.

Dissertation sur l'influence qu'exerce dans les plantes la différence des sexes, suivie de l'examen des deux sortes de diclinismes.

Mém. de l'Acad. des Sc., Inscr. et Bell.- Lettr. de Toulouse, 4e sér., t. IV, p. 300-331.

Dans une première partie, on envisage tour-à-tour l'influence des sexes sur les organes végétatifs et floraux dans le plus grand nombre de genres possible, et on termine par quelques conclusions générales. — Dans la seconde, on s'attache à montrer, par les faits et par le désaccord des auteurs, que la distinction, si souvent reproduite, entre la *diclinie vraie* et la *diclinie par avortement* n'est pas fondée.

Des caractères floraux du genre Kœlreuteria.

Bullet. de la Soc. Bot. de France, t. XVI. p. 34-37.

Ce petit arbre a des panicules de trois sortes, des fleurs stériles, les unes longistaminées, les autres brévistaminées, et des fleurs fertiles, remarquables par la caducité des pétales et le rapide accroissement du pistil.

Sépales stipulaires.

Ibid. t. VI, p. 580-587.

La nature stipulaire des sépales n'est pas douteuse dans un certain nombre de Géraniacées, de Malvacées, de Bégoniacées et d'Hélianthèmes. L'étude du calice dans les espèces du genre *Helianthemum* est très instructive, car tantôt il est uniquement formé par des feuilles, les sépales intérieurs étant *limbaires* et les extérieurs *vaginaux*, et tantôt à la fois par des feuilles et des stipules.

Du calice dans les Gentianées et les Portulacées.

Ibid. t. XX, p. 72-74.

Le calice des *Chlora* est formé par les faisceaux fibrovasculaires, devenus libres, de deux phylles. — Le prétendu calice des Pourpiers est un involucre.

La feuille florale et l'anthère.

Mém. de l'Acad. des Sc., Inscr. et Bell.- Lett. de Toulouse, 6e sér., t. IV. p. 141-158.

On démontre d'abord le peu de consistance de toutes les théories qui font de l'anthère une partie de la feuille. Puis, s'étayant de cas tératologiques où le filet était surmonté d'un corps tout différent de l'anthère, et d'autres cas où l'on a signalé la présence d'anthères sur l'ovaire et sur le style, on arrive à cette conclusion que l'anthère est ordinairement un organe distinct de la feuille ou qui ne s'y trouve représenté que par un élément peu appréciable à nos moyens d'investigation. Dans cette vue, l'anthère est une partie analogue aux écailles terminales des bractées des *Centaurea*, aux urnes des Népenthées, etc.

Bullet. de la Soc. Bot. de France, t. I, p. 213.

De la nécessité de distinguer deux sortes d'ovaires, les ovaires primitivement pleins et les creux.

On admet que tout ovaire offre au début une ou plusieurs cavités ; les Loranthacées, les *Flacourtia*, etc., prouvent que cette loi est loin d'être générale et qu'il faut distinguer des ovaires primitivement pleins ; M. Hofmeister a confirmé ces résultats pour les Loranthacées (in *Annal. des sc. nat.*, Bot. 4e sér., t. XII).

Ibid. t. VIII, p. 280-286.

Des caractères pistillaires du genre Ruscus.

Les caractères assignés à ce genre par plusieurs auteurs modernes sont incomplets et souvent erronés, parce qu'on lui a appliqué ceux du *Danae*. L'ovaire du *Ruscus* est toujours uniloculaire, 1-2 sperme et entouré par un urcéole. Il n'est pas naturel de rapporter ce genre aux Liliacées ; on doit le considérer comme le dernier terme (terme dégradé) de la famille unique formée par la réunion des Asparaginées et des Smilacinées. Les genres *Semele (Ruscus androgynus L.)* et *Danae (Ruscus racemosus L.)* devraient être rapprochés du *Myrsiphyllum*, de l'*Eustrephus*, du *Geitonoplesium* et réunis avec eux en une tribu distincte précédant immédiatement le *Ruscus*.

Annal. des Scienc. nat., Bot.. 5e sér., t. III, p. 412-320.

Observations sur le pistil ou le fruit des genres Papaver et Citrus.

L'Organogénie et la Tératologie s'accordent à démontrer que le pistil du genre *Papaver* n'est pas originairement formé de carpelles distincts, et que les cloisons ne proviennent pas des bords rentrants des carpelles.

Les conclusions relatives au *Citrus* sont : 1° que le zeste de l'orange n'est pas un élément indispensable du péricarpe, qu'il réclame souvent pour se manifester l'action de l'air et de la lumière, et qu'il pourrait bien être un produit de sécrétion ou de formation secondaire de l'épicarpe, comme la pulpe ou chair est une émanation de l'endocarpe.

De la colonne ou columelle des Géraniacées, des Malvacées et des Euphorbes. — Bullet. de la Soc. Bot. de France, t. IV, p. 926-929.

On admet dans ces familles le prolongement de l'axe ou du réceptacle entre les carpelles pour former la columelle. L'anatomie et la comparaison des genres d'un même groupe démontrent que cet axe est imaginaire, et que les bords rentrants des carpelles le constituent seuls.

Des Hémicarpelles des Borraginées et des Labiées. — L'Institut du 6 janvier 1858, p. 4 et 5.

Le fruit des Labiées et des Borraginées est à 2 carpelles et non à 4; ses 4 parties apparentes doivent porter le nom d'*Hémicarpelles*, et à la grande division des fruits en syncarpés et apocarpés, il convient d'en ajouter une troisième sous le titre d'*Hémicarpés*.

Quelques faits de Carpologie. — Bullet. de la Soc. Bot. de France, t. XIII, p. 95-97.

Comprenant : 1° la projection par élasticité de la capsule des graines d'Acanthe; 2° le signalement d'une race de châtaignier à longs châtons femelles ; 3° la mention de la pluralité des graines dans le fruit des châtaigniers.

Graine et embryon. — Ibid. t. VI, p. 212.

Les prétendus embryons, ovules, sacs et vésicules embryonaires des Acotylédones doivent être soigneusement distingués des parties ainsi nommées dans les Phanérogames, et ne peuvent pas être désignés de la sorte. Le mot de *pseudembryon*, proposé dans ce travail, a été adopté par plusieurs botanistes.

De la signification des épines et des réceptacles des fleurs femelles chez les Xanthium. — Mém. de l'Acad. des Sciences, Inscrip. et Bell.-Lett. de Toulouse, 4e sér., t. VI, p. 66-75.

Les épines tripartites situées de chaque côté de la feuille chez le *Xanthium spinosum* L. occupent exactement la même place que les réceptacles de fleurs femelles et ont la signification de ces derniers.

I. Un végétal envisagé a tous les points de vue.

Annal. des Scienc. nat., Bot., 3ᵉ sér., t. XVII, p. 129-142.

Étude organographique de la Ficaire.

L'examen détaillé des diverses particularités qu'offre l'organisation de la Ficaire, fait principalement reconnaître chez cette plante deux sortes de tubercules, des *tubercules-racines* (racines adventives renflées) et des *tubercules-bourgeons*, très distincts les uns des autres, bien qu'également chargés, en l'absence fréquente de graines, de propager l'espèce.

J. Le tissu cellulaire.

Bullet. de la Soc. Bot. de France, t. V, p. 741.

Sur une particularité du tissu cellulaire des pétales.

La famille des Polémoniacées se fait remarquer par une membrane plissée à l'intérieur des cellules des pétales.

§ II. — Tératologie.

L'Institut du 5 janvier 1850, p. 19.

Note sur un cas de Tératologie végétale.
Monstruosité florale du Papaver orientale.

Ibid. 4 décembre 1850, p. 389.

Note sur deux cas de Tératologie végétale.

Ibid. 20 août 1851, p. 209.

Sur les deux modes de dédoublement observés chez les Crucifères.

Bullet. de la Soc. Bot. de France, t. II, p. 170.

Observations sur le fruit des Labiées.

Des fleurs de Stachys sylvatica ont offert avec 3 stigmates 4 parties au pistil dont 2 bilobées et à 2 loges, en tout 6 hémicarpelles. Le développement de la 5ᵉ étamine n'est pas intimement lié à la pélorisation.

Mém. de l'Acad. des Sciences, Inscrip. et Bell.-Lett. de Toulouse, 5ᵉ sér., t. III, p. 99-114.

Fascicule d'observations de Tératologie végétale.

Deuxième fascicule d'observations tératologiques.	Mém. de l'Acad. des Sc., Inscrip. et Bell.-Lett. de Toulouse, 5ᵉ sér., t. VI, p. 51-70.
Troisième fascicule d'observations tératologiques.	Ibid. 6ᵉ sér., t. V, p. 184-206.
Le Buplevrum oppositifolium Lap. *simple anomalie du B. falcatum L.*	Ibid. t. III, p. 642-644.
Essai de Tératologie taxinomique ou des anomalies végétales considérées dans leurs rapports avec les divers degrés de la classification.	Ibid. 7ᵉ sér., t. III, p. 55-136.

On ne s'était encore occupé que de Tératologie organique. Dans ce long travail, on a envisagé les anomalies végétales au point de vue de l'individu, de l'espèce et de la variété, du genre, des familles, des classes et des embranchements, et on a rapporté à chaque famille les monstruosités jusqu'ici décrites, en les groupant d'après leur degré d'affinité.

Ce travail appartient donc aussi à la Taxinomie et se trouve cité à cet article.

§ III. — Physiologie.

Etude des fluides des végétaux et leur comparaison avec ceux des animaux.	Thèse de concours à Montpellier, en mai 1851, pour la chaire de botanique et d'histoire naturelle médicale vacante à la Faculté de médecine, 109 p. in-8°.
D'un mode de propagation particulier au Potamogeton crispus L.	Bullet. de la Soc. Bot. de France, t. III, p. 350-352.

Cette plante émet des bourgeons cornés qui passent l'hiver au fond de l'eau, et qui, au printemps suivant, reproduisent le végétal.

Des graines de l'Atriplex hortensis et de leur germination.	Ibid t. IV, p. 441.

Cette Chénopodée porte deux sortes de graines, les unes rousses, les autres noires, accompagnées de bractées différentes ; les premières seules sont aptes à germer.

Bullet. de la Soc. Bot. de France, t. VIII, p. 280-286.
Remarques sur la germination du Cocotier et de la Clandestine.

Ibid. t. IV, p. 785.
Simple objection à la théorie ae Du Petit-Thouars sur l'accroissement et à celle des phytons et des décurrences.

On a considéré les axes de la plante comme produits soit par des racines descendant des bourgeons ou des feuilles, soit par des décurrences. Mais comment expliquer dans ces théories : 1° l'absence de feuille réellement terminale au sommet des axes ; 2° la terminaison de tiges et de pédoncules par une production axile dépourvue de toute trace de feuille (*Ruscus*, *Arum*, épines, etc.)

Ibid. t. XII, p. 313-314.
De l'intermittence dans l'évolution d'un même axe floral.

Ce phénomène, si évident chez le *Verbascum Blattaria*, chez plusieurs *OEnothera* et Capparidées, et qui avait fait admettre à tort, comme espèce nouvelle, l'*Iberis bicorymbifera*, était resté inaperçu.

Ibid. t. XIV, p. 64-67.
De la Postfoliaison.

Les dispositions que prennent, par l'effet de la dessiccation, les feuilles abandonnées à elles-mêmes, méritaient d'être étudiées dans le plus grand nombre de genres et d'espèces possible. A la suite de cet examen comparaif, on a reconnu les *Postfoliaisons crispée, bombée, chiffonnée, conduplquée, involutée, révolutée, plane* ou *subplane*.

Compt. rend. de l'Institut, t. LXI, p. 1177-1179.
De la Postfloraison.

En signalant ce nouveau caractère destiné à faciliter la délimitation de certains genres, on a cru devoir distinguer les *Postfloraisons fermée, étalée, réfractée, crispée, pulpeuse, circinée, récircinée, condupliquée*.

Mém. de l'Académie des Sciences, Inscript. et Bell.-Lett. de Toulouse, 6e sér., t. VI, p. 267-279.
Quelques cas particuliers de gemmation, de parasitisme et de germination.

Après avoir signalé quatre cas singuliers de formation

de bourgeons chez l'*Agave geminiflora*, l'Yucca à feuilles d'Aloès, la Ciguë vireuse et le Kerria, on indique le parasitisme de la Petite Orobanche sur des plantes annuelles, la faculté de l'*Osyris alba*, déclaré parasite, de pouvoir vivre privé de tout contact avec d'autres végétaux, la germination prolongée des graines de *Crinum* avec le seul secours des matériaux empruntés à la graine et à l'air atmopshérique ; enfin, les germinations spontanées de plantes soit exotiques, soit françaises, observées depuis plusieurs années à l'Ecole de Botanique du Jardin des Plantes de Toulouse.

L'irritabilité du stigmate est-elle un caractère physiologique ordinal des Bignioniacées ? Bullet. de la Soc. Bot. de France, t. XVI, p. 114.

La structure bilamelleuse du stigmate de tous les genres de cette famille, et la constatation de l'irritabilité de cet organe sur toutes celles de ces plantes où on l'a cherchée, semblent indiquer que le fait est général à tout le groupe ; M. Heckel a récemment reconnu la validité de cette conclusion.

De quelques questions afférentes à des plantes brésiliennes. Ibid. t. XIX, p. 56-59.

1° Le dédoublement expliquant l'organisation des tiges des *Serjania* ; 2° de quelques faits à constater au Brésil ; 3° de l'indéhiscence des fleurs de l'Onagre très-molle.

Indifférence dans la direction des racines adventives, d'un cierge (déja cité). Compt. rend. de l'Institut de 1874 (juillet), p. 176.

§ IV. — Taxinomie.

Sur la place que doivent occuper le genre Begonia et la famille des Bégoniacées dans la méthode naturelle. Bullet. de la Soc. philomathique,et l'Institut. 15 mai 1850. p. 156.

Coup-d'œil sur les principes qui servent de base aux classifications botaniques modernes. Mém. de l'Acad. des Sciences, Inscrip. et Bell.-Lett. de Toulouse, 7ᵉ sér., t. I, p. 125-142.

Bullet. de la Soc. d'hist. nat. de Toulouse, t. V, 13 p.	*De la disposition adoptée en 1869-70 dans la replantation de l'Ecole de botanique du Jardin des Plantes de Toulouse.*

On s'est conformé aux résultats de la discussion dont le Mémoire précédent a été l'objet.

Bullet. de la Soc. Bot. de France, t. XVI, p. 114-115.	*De l'irritabilité des stigmates chez les Bignionacées* (cité plus haut).

Caractère physiologique probablement général à la famille.

Compt. rend. de l'Institut, de 1870, 1er sem., p. 1416.	*De la gémination des verticilles floraux des Alismacées* (cité plus haut).

Les verticilles floraux de cette famille sont simples ou géminés; dans ce dernier cas, par suite de la fusion de deux due à l'avortement du mérithalle de séparation; c'est un caractère général et par conséquent ordinique des Alismacées.

Mém. de l'Acad. des Sciences. Inscrip. et Bell.-Lett. de Toulouse, 7e sér., t. II, p. 91-134.	*Monographie de la préfoliation dans ses rapports avec les divers degrés de la classification* (cité plus haut).
Bullet. de la Soc. Bot. de France, t. XVII, p. 123-127.	*De la valeur des rayons des Composées en Taxinomie.*
Mém. de l'Acad. des Sciences, Inscrip. et Bell.-Lett. de Toulouse, 7e sér., t. III, p. 55-136.	*Essai de Tératologie taxinomique ou de la Tératologie végétale dans ses rapports avec les divers degrés de la classification* (cité aussi à l'article Tératologie).
Ibid. t. V, p. 1-64.	*Des caractères du péricarpe et de sa déhiscence pour la classification naturelle.*

Après avoir comparé la déhiscence dans les deux grands embranchements phanérogamiques, on passe en revue d'abord les diverses familles, en les groupant d'après le nombre de déhiscences ou de fruits (de 1 à 10) qu'elles offrent, puis les alliances et les familles d'après leur degré d'affinité au point de vue de la déhiscence. On établit la corrélation des monopétales et des polypétales quant à la nature des fruits; on montre l'utilité de ce caractère, soit pour établir des rapprochements ou des distinctions entre les groupes naturels (sous-familles, genres, sous-genres, espèces et variétés), soit pour déterminer la place d'une espèce ou d'un genre.

Affinité réciproque des genres Rubus et Rosa. Ils appartiennent à la même tribu.

Communication récente à la Soc. Bot. de France.

§ V. — Phytographie, Glossologie, Synonymie.

Sur les deux genres Calceolaria et Jovellana.

Annal. des Scienc. nat., Bot., 3ᵉ sér., t. X, p. 381-383.

Sur quelques genres de la famille des Verbénacées.

Ibid. p. 378-381.

Flora chilena, faisant partie de l'*Histoire physique et politique du Chili*, par Cl. Gay. M. D. Clos a pris une large part à la rédaction de cet ouvrage, ayant été chargé de traiter en entier les familles suivantes : Rhamnées, Légumineuses, Ombellifères, Loranthacées, Rubiacées, Valérianées, Hydrophyllées, Borraginées, Labiées, Verbénacées, Scrophularinées. Ces divers travaux, qui ont paru sous son nom, à l'exception de la famille des Verbénacées, forment la matière d'un volume de plus de 600 pages.

Sur le Buplevrum oppositifolium Lap.
On montre que cette plante, qui avait intrigué les phytographes, est une anomalie (cité aussi à l'article Tératologie).

Bullet. de la Soc. Bot. de France, t. III, p. 642-644.

Examen critique de quelques caractères d'espèces. 1° Le Stellaria neglecta Weih., considéré par plusieurs auteurs modernes comme variété du *S. media* Vill., en diffère par sa durée, et ce nouveau caractère doit déterminer à l'élever au rang d'espèce. 2° L'ortie dioïque est souvent monoïque. 3° Discussion au sujet de la valeur spécifique de l'*Alcea ficifolia* Cav.

Ibid. t. IX, p. 6-8.

Révision d'un des groupes de la 5ᵉ section du genre Helianthemum établie dans le Prodromus de De Candolle.

Ibid. t. XIII, p. 406-411.

Quelques recherches relatives aux Sylibum Marianum et viride.

Ibid. t. XIII, p. XLI-XLIV.

De l'Hypericum elatum et du Webbia platysepala.

Ibid. t. XIV, p. 265-268.

Bullet. de la Soc. Bot. de de France, t. XV, p. 6-11.
Présentée à l'Institut et approuvée par ce corps savant en 1856.

De quelques espèces cultivées du genre Phlomis.

Monographie de la famille des Flacourtianées.

Annal. des sciences nat., Bot., 4ᵉ sér., t. IV, p. 362-387.

1ʳᵉ partie : organographie, division et géographie de la famille.

Ibid. t. VIII, p. 209-274.

2ᵉ partie : révision des genres et des espèces.

Mém. de l'Acad. des Sciences, Inscrip. et Bell.-Lett. de Toulouse, 5ᵉ sér., t. II, p. 244-265.

Pourret et son histoire des Cistes. La découverte, dans les archives de l'Académie des sciences de Toulouse, d'un Mémoire manuscrit de Pourret, intitulé : *Projet d'une histoire générale des Cistes*, a permis d'éclairer plusieurs points de l'histoire de ces plantes, en particulier en ce qui concerne la synonymie, à l'aide de la comparaison des espèces du manuscrit avec celles qui ont été proposées par Lamarck, Delile, de Candolle et M. Cosson. Ce travail est précédé d'une courte biographie de Pourret.

Ibid. 5ᵉ sér., t. I, p. 220-306.

Révision comparative de l'herbier et de l'histoire abrégée des plantes des Pyrénées de Lapeyrouse.

Annal. des sciences nat., Bot., 4ᵉ sér., t. XVI, p. 78-82.

Révision d'une des sections du genre Sideritis.

Mém. de l'Acad. des Sc., Inscr. et Bell.-Lettr. de Toulouse, 6ᵉ sér., t. I, p. 114-168.

Revue critique de la durée des plantes dans ses rapports avec la phytographie.

Ce travail a pour but d'établir une distinction rigoureuse entre les plantes annuelles et bisannuelles, de séparer les plantes vivaces des *semi-vivaces* qui se propagent par leurs bourgeons mobiles, d'examiner l'importance de la durée des plantes au point de vue de la phytographie et des degrés de la classification, de proposer quelques modifications à la classification des plantes vivaces et aux signes qui servent à les représenter.

Bullet. de la Soc. Bot. de France, t. XVIII, p. 175-178.

Des genres Pavia et Timbalia.

Après avoir fait ressortir les divergences des auteurs touchant la délimitation du premier de ces genres et des espèces qui s'y rapportent, on propose de négliger les caractères extérieurs de la capsule en ce qui concerne la distinction des genres *Pavia* et *Æsculus*; on montre le droit au titre de genre du

Cotoneaster Pyracantha qu'on pourrait appeler *Timbalia Pyracantha*.

De l'historique des Hyoscyamus albus et major.	Bullet. de la Soc. Bot. de France, t. XIX, p. LXIV.
De la validité de quelques genres des Liliacées-Hyacinthinées, et rappel d'un caractère du genre Allium.	Ibid. t. XXI, p. 363-372.
De la nécessité de faire disparaître du langage botanique les mots torus et nectaire.	Annal. des Scienc. nat., Bot., 4e sér., t. II, p. 23-28.
Discussion de quelques points de glossologie botanique.	Bullet. de la Soc. Bot. de France, t. IV, p. 738 et t. VI, p. 187-193 et 211-215, t. VIII, p. 615-619, t. IX, p. 355-360, 652-666, t. XII, p. 348, t. XVIII, p. 96-100, t. XX, p. 187-188.
Quelques recherches de synonymie.	Ibid. t. X, p. 99-105, t. XVII, p. 123-127, t. XIX, p. 86-89.
De quelques étymologies.	Ibid. t. XX, p. 124-126.
De quelques remarquables dénominations populaires de plantes.	Ibid. t. XX, p. 126-129.
De l'orthographe de quelques dénominations de plantes.	Ibid. t. XX, p. 223.
Glossologie du fruit.	Ibid. t. XX, p. 264-275.

§. VI. — Géographie botanique.

Esquisse de la végétation d'Ussat (Ariége).   Revue des Soc. savantes, no du 11 juillet 1862, p. 313-320.

Bien que la végétation des Pyrénées ait été soumise à de nombreuses investigations, celle de la vallée de l'Ariége où se trouvent Tarascon et Ussat avait été négligée ; elle a offert quelques faits intéressants soit en elle-même, soit dans ses rapports avec la nature du sol, et aussi la découverte dans cette localité d'une plante très-rare en France le *Jasonia glutinosa* D C.

Congrès scientifique de France, 28ᵉ session, t. III, p. 374-402, 1 pl.

Coup d'œil sur la végétation de la partie septentrionale du département de l'Aude.

On y suit les modifications que présente la végétation de cette longue bande qui, partant de Narbonne, s'étend de l'est à l'ouest jusqu'au delà de Castelnaudary, comprise dans une partie de son étendue entre le canal du Midi et le versant méridional de la Montagne Noire. Après avoir montré que les limites assignées par de Candolle à la région méditerranéenne ne sont pas bien choisies, on en signale trois qui paraissent servir de point d'arrêt à un certain nombre de plantes de la région chaude. On compare aussi les deux versants de la Montagne Noire, et on indique les plantes les plus saillantes de cette chaîne de montagnes.

Annuaire de l'Acad. des Sc., Insc. et Bell.-Lett. de Toulouse, pour l'année 1864-65, p. 15-20.

Remarques sur la Flore de Toulouse.

Mém. de l'Acad. des Sciences, Inscrip. et Bell.-Lett. de Toulouse, 6ᵉ sér., t. V, p. 307-319.

De l'origine de la végétation du globe.

Discours prononcé en séance publique de l'Académie des Sciences, Inscriptions et Belles-Lettres de Toulouse, du 16 juin 1867. Reproduit par l'*Institut*, nᵒ du 21 août 1867 p. 265-272.

Bullet. de la Soc. d'hist. nat. de Toulouse, t. VI, p. 67.

De l'existence du Betula pubescens dans le département du Tarn.

§ VII. — Cryptogamie.

Mém. de l'Acad. des Sciences, Inscrip. et Bell.-Lett. de Toulouse, 6ᵉ sér., t. IV, p. 222-227, avec pl.

Etude du Phycomyces nitens Kᵗᶻᵉ (en collaboration avec M. Joly).

C'est la première fois que cette espèce est signalée en France.

Distinction de l'Agaric Protée et de l'Agaric de couche, d'après les recherches de feu le Dr J.-A. Clos.	Bullet. de la Soc Bot. de France, t. IX, p 440-444.

Reproduction dans *la Belgique horticole* de 1863, p. 150-155.

Recherches sur le Charbon du maïs. (Ustilago Maydis). Histoire de la maladie. — Expériences faites au Jardin des Plantes de Toulouse, démontrant la contagion, contradictoirement aux assertions de Tillet, de Parmentier, etc.	Journal d'Agric. prat. du Midi de la France, t. XXII (1871), p. 20-33.
Origine des Champignons; la Truffe et sa culture.	Revue de l'Académie de Toulouse, t. VI, p. 294-306 et Annal. de la Soc. d'hort. de la Haute-Gar., t. V, p. 129-139.
Pseudovule, vésicule pseudembryonaire, pseudembryon ou plantule, mots par lesquels on propose de remplacer, chez les Cryptogames, ceux d'ovule, de vésicule embryonaire et d'embryon, après avoir cherché à prouver que ces derniers organes font complètement défaut à ce grand groupe du règne végétal.	Bullet. de la Soc. Bot. de France, t IV. p. 739 et t. VI, p. 212.

§ VIII. — Botanique appliquée.

1. Botanique appliquée à l'Agriculture (1).

Revue des plantes les plus nuisibles à l'Agriculture dans le département de la Haute-Garonne.	Journ. d'Agric. prat. du Midi de la France, 3e sér., t. VII, p. 170-190.
Des moyens employés pour la destruction des Charançons.	Ibid. 3e sér., t. IX, p. 341-355.
Considérations sur les graines envisagées au point de vue agricole.	Ibid. t. X, p. 96-104.

(1) Les membres de la Société d'Agriculture de la Haute-Garonne, dont M. D. Clos a l'honneur de faire partie, s'imposent l'obligation morale d'entretenir tous les ans la Société d'un de leurs travaux.

Journ. d'Agric. prat. du Midi de la France, t. XI, p. 229-236. (Reproduit dans *la Culture*, 2e année, p. 24 et suiv.)	*Examen de la prétendue distinction entre l'aliment et le stimulant dans les plantes.*
Ibid. t. XII, p. 437-445.	*De l'emploi de la Grande Fougère comme litière.*
Ibid. t. XII, p. 498-513.	*De la naturalisation et de l'acclimatation des végétaux.* (Reproduit dans *la Belgique horticole* de 1865, p. 51-64).
Ibid. t. XIII, p. 385-394.	*Du rôle des racines dans ses rapports avec la nature du sol.*
Ibid. t. XIV, p. 313-333.	*Des modifications exercées par l'homme sur les végétaux utiles.*
Ibid. t. XIV, p. 449-455.	*Recherches récentes sur la fécondation des animaux et des plantes.*
Ibid. t. XV, p. 103-106.	*Effets des froids des mois de janvier et février 1864 sur les céréales cultivées au Jardin des Plantes de Toulouse.*
Ibid. t. XV, p. 409-424.	*Du choix des semences pour prairies.*
Ibid. t. XV, p. 509-515.	*Le Brome de Schrader.*
Ibid. t. XVI, p. 441-448.	*De la profondeur des semis.*
Ibid. t. XVI, p. 465-473.	*Résultats des recherches récentes sur l'organisation de quelques champignons parasites qui attaquent des plantes alimentaires.*
Ibid. t. XVI, p. 473-475.	*Encore une prétendue dégénérescence du blé.* Reproduit par le Journal *la Culture*, t. VII, p. 427.
Ibid. t. XVI, p. 476-489.	*Revue bibliographique.*
Ibid. t. XVII, p. 127-129.	*Sur les nouveaux principes de Physiologie végétale appliqués à l'Agriculture de M. le professeur Gaëtano Cantoni.*
Ibid. t. XVII, p. 449-456.	*De l'utilité des feuilles et de quelques plantes comme litière.*
Ibid. t. XVIII, p. 285-293.	*Sur quatre plantes prairiales.*
Ibid. t. XIX, p. 489-508.	*Examen comparatif de diverses pratiques afférentes à la culture de la pomme de terre.*

Rapport sur un mémoire de M. Lagrèze-Fossat, intitulé : Du parasitisme de l'Euphraise odontalgique.	Journ. d'Agric. prat. du Midi de la France, t. XIX, p. 599-603.
Du Mélilot blanc (résultats de la culture de cette plante, dont les graines avaient été vendues et semées comme appartenant à la grande luzerne ; caractères distinctifs de ces deux fourrages).	Ibid. t. XX, p. 263-271.
Résultats de quelques essais concernant la culture de la pomme de terre.	Ibid. t. XX, p. 382-388.
De quelques cas particuliers d'influence des végétaux les uns sur les autres.	Ibid. t. XX, p. 444-450.
De la circulation dans les plantes et de ses rapports avec quelques phénomènes afférents à l'Agriculture.	Ibid. t. XXI, p. 87-102.
Recherches sur le Charbon du maïs (Ustilago Maydis). Expériences prouvant l'absorption des germes par les racines : (cité plus haut).	Ibid. t. XXII (1871), p. 20-33.
De la fécondation dans les céréales	Ibid. 4e sér., t. I, p. 15-21.
Observations ou recherches afférentes à l'agriculture.	Ibid. t. I, p. 130-139.
Quelques documents pour l'histoire de la Pomme de terre.	Ibid. t. II, p. 131-157.
De la patrie du maïs.	Ibid. t. II, p. 305-308.
Interprétation de quelques passages du Théâtre d'agriculture et Ménage des champs d'Olivier de Serres.	Ibid. t. III, p. 280-294.
Rapport sur l'établissement de sylviculture de M. Ivoy.	Bullet. de la Soc. Bot. de France, t. XVI, p. 12-19.
Rapport adressé, le 3 décembre 1857, au Préfet de la Haute-Garonne au nom d'une commission chargée d'une enquête viticole dans le département. (Conclusions imprimées dans le n° de février 1858, du Recueil des Actes administratifs).	Journ. de Toulouse des 24 et 25 février 1858.

II. Botanique horticole.

Président de la Société d'Horticulture de la Haute-Garonne et du Comité des *Annales* publiées par cette Compagnie, M. D. Clos a inséré dans les vingt-un volumes parus de ce Recueil, de très-nombreuses notes horticoles, (Physiologie appliquée, descriptions de plantes du jardin botanique de Toulouse, voyages, chroniques, etc.) ; il suffira de citer les suivantes :

Annal. de la Société d'Hortic. de la Haute-Garonne, t. III, p. 220. — *Résultats de la culture de l'Igname au Jardin des Plantes de Toulouse.*

Ibid. t. IV, p. 67, t. IX, p. 46. — *Observations sur la transplantation des arbres et renseignements sur le même sujet.*

Ibid. t. IX, p. 79. — *Du phénomène de disjonction d'hybrides végétaux.* (Reproduit par la Belgique horticole de 1864).

Ibid. t. X, p. 52. — *De l'action du froid en janvier 1864 sur les végétaux du Jardin des Plantes de Toulouse.*

Ibid. t. XIII, p. 27. — *Des effets de la sécheresse sur les Conifères.*

Ibid. t. XIV, p. 106, avec pl. — *Des Ormeaux pédonculé et d'Amérique.*

Ibid. t. XV, p. 28. — *Le Lierre, son utilité, ses dégats.*

Ibid. t. XVIII, p. 49. — *Des Platanes.*

Ibid. t. XVIII, p. 115. — *Des effets de l'hiver 1870-1871 au Jardin des Plantes de Toulouse, et de l'acclimatation.*

Ibid. t. XIX, p. 72. — *De la culture du Caprier à Toulouse.*

Ibid. t. XIX, p. 181. — *Coup d'œil sur les principaux hybrides horticoles.*

Résultats d'expériences faites au Jardin des Plantes de Toulouse avec l'engrais Jeannel. (Communiqué à la Société dans une de ses dernières séances).

III. Botanique économique.

De l'innocuité des fruits de l'If commun.   Bullet. de la Soc. Bot. de France, t. XVI, p. 12-19.
Théophraste avait déclaré que ces fruits n'ont rien de toxique pour l'homme. Cependant, depuis lui jusqu'à nos jours, la question a été controversée ; on cite de nombreux témoignages mettant hors de doute cette innocuité.

§ IX. — Bibliographie, Botanique historique, didactique, littéraire, nomologique, esthétique.

Examen critique de la loi dite du balancement organique dans le règne végétal.   Mém. de l'Acad. des Sc., Inscrip. et Bell.-Lett. de Toulouse, 6ᵉ sér., t. III, p. 81-127.
Cette loi, journellement invoquée, n'avait point encore été soumise, en ce qui concerne le règne végétal, à un examen spécial et sérieux. La plus grande partie des faits très-nombreux rassemblés dans ce travail plaide en faveur de la loi, qui se vérifie surtout dans les cas d'anomalie. La généralité de la loi de balancement semble modifiée par la *loi de variété*. Ici, comme partout, il faut faire la part des exceptions.

Etude sur l'Esthétique dans le règne végétal.   Inédit.
Lue à l'Académie des sciences, Inscriptions et Belles-lettres de Toulouse dans sa séance du 25 février 1869. Voir les procès-verbaux.

De l'influence des Plantes sur la civilisation.   Mém. de l'Acad. des Sc., Inscrip. et Bell.-Lett. de Toulouse, 6ᵉ sér., t. IV, p. 623-640.
Discours prononcé, en séance publique de l'Académie des sciences etc. de Toulouse, le 27 mai 1866.

La Botanique dans l'œuvre de François Bacon.   Ibid, 7ᵉ sér., t. VII, p. 143-156.
(Lu à l'Académie des sciences etc. de Toulouse, le 4 février 1875.)

Journ. d'Agric. prat. du Midi de la France, 4e sér., t. III, p. 280-294.	*Interprétation de quelques passages du Théâtre d'Agricultu et Ménage des champs d'Olivier de Serres* (cité plus haut).
Mém. de l'Acad. des Sc., Inscrip. et Bell.-Lett. de Toulouse, 6e sér., t. VI, p. 333-365.	*La Plante au point de vue littéraire : rapports de la Botaniq et de la Littérature.* Discours prononcé à l'Académie des sciences etc. de Toulouse, en séance publique, le 7 juin 1868.
Journ. d'Agric. prat. du Midi de la France, 3e sér., t. XXII, p. 176 à 198.	*Les Plantes de Virgile.*
Mém. de l'Acad. des Sc., Inscrip. et Bell.-Lett. de Toulouse, 4e sér., t. V, p. 328-337.	*Document pour l'histoire de la Botanique.*
Ibid. 5e sér., t. II, p. 159-165.	*Du Tractatus de plantis de François Bayle.*
Bullet. de la Soc. Bot. de France, t. V, p. 34-37.	*De quelques omissions de la Bibliothèque botanique M. Pritzel.*
Ibid. t. V, p. 638-641.	*Document historique pour la botanique médicale.*
Ibid. t. XVI, p. 115-117.	*De la question de priorité dans l'établissement de la fami des Cycadées.* Les discordances des phytographes à cet égard, donne quelque intérêt à la solution de cette question.
Ibid. t. XI, p. XVIII-XXI.	*Coup d'œil sur l'histoire de la Botanique à Toulouse.*
Revue de l'Acad. de Toulouse, t. IV, p. 16-33.	*Coup d'œil sur l'état actuel de la Botanique.* Un extrait a été reproduit dans le *Journal de l'instruct publique* du 4 février 1857, p. 73 et 74.
Ibid. t. X, p. 427-432.	*Du degré de dignité de la science botanique.* En réponse à un passage du discours du R. P. Lacordai sur les Etudes historiques.
Congrès scientifique de France, XXXIIIe session, à Aix, t. I, p. 447-449.	*La Botanique, ce qu'elle est, ce qu'elle devrait être.*

§ X. — Biographies.

Éloge de M. Moquin-Tandon.
Lu dans la séance de l'Académie des sciences, Inscriptions et Belles-Lettres de Toulouse, du 4 février 1864.
    Mém. de l'Acad. des Sc., Inscrip. et Bell.-Lett. de Toulouse, 6ᵉ sér., t. II, p. 5-46.

Une page de la vie d'un naturaliste du Midi de la France.
Extraits de la correspondance de J.-P.-R. Draparnaud avec le Dr J.-A. Clos.
    Revue de Toulouse, t. XIX, p. 102-124, 192-206, 264-275.

Pourret et son histoire des Cistes (cité plus haut).
    Mém. de l'Acad. des Sc., Inscrip. et Bell.-Lett. de Toulouse, 5ᵉ sér., t. II, p. 244-265 (cité en outre à l'art. *Phytographie*).

APPENDICE

Mém. de l'Acad. des Sc., Inscr. et Bell.-Lett. de Toulouse, 5ᵉ sér., t. I, p. 379-386.

Rapport sur le résultat du concours institué par l'Académie des Sciences, Inscriptions et Belles-Lettres de Toulouse, en 1857.

Ibid. t. 1., p. 328-335.

Rapport au nom de la Commission des médailles d'encouragement de la même Compagnie (classe des sciences).

Des Parotides critiques.
Thèse pour le Doctorat en médecine. Paris, 1846, in-4°.

De la possibilité d'expliquer par les lois qui agissent encore aujourd'hui les phénomènes dont la Géologie nous dévoile l'existence antérieure.
Thèse de géologie pour le Doctorat ès-sciences naturelles.

Publication de 12 *Catalogues des graines récoltées au Jardin des Plantes de la ville de Toulouse*, et offertes en échange (années 1856-59-60-62-63-64-65-66-67-69-71-74).

Enfin, M. D. Clos a fait imprimer plusieurs travaux posthumes du Dʳ Jean-Antoine Clos, son père, en particulier les trois mémoires suivants :

1° *Nouvel aperçu sur la météorologie du pays toulousain*, inséré dans l'*Annuaire météorologique de la France* de 1852 ;

2° *De l'influence de la lune sur la menstruation*, dans les *Bulletins de l'Académie royale de Belgique* 2ᵉ série t. IV. Résultats cités dans le *Traité de Physiologie* de M. Béclard ;

3° *De l'Influence lunaire en météorologie*, dans le *Bulletin de la Société météorologique de France* de 1861.

Toulouse — Typ. de Bonnal et Gibrac, rue Saint-Rome, 44.

www.ingramcontent.com/pod-product-compliance
Lightning Source LLC
Chambersburg PA
CBHW060506050426
42451CB00009B/843